Impressum
Verlag: BABADADA GmbH, Nedderfeld 112 , 22529 Hamburg
Geschäftsführer / Verlagsleitung: Harald Hof
Druck: Books on Demand GmbH, In de Tarpen 42, 22848 Norderstedt

Imprint
Publisher: BABADADA GmbH, Nedderfeld 112 , 22529 Hamburg, Germany
Managing Director / Publishing direction: Harald Hof
Print: Books on Demand GmbH, In de Tarpen 42, 22848 Norderstedt

sukuu

escola

sukuudanmu
classe

kyemu
dividir

186/2

twerɛ pono
tauler

sukuu mu
pati (de l'escola)

kyerɛkyerɛni
professor

krataa
paper

twerɛ
escriure

pɛn
estilogràfica

pɔnɔ a yɛyɛ so adwuma
escriptori

rula
regle

nwoma
llibre

sukuuni
estudiant

baage

bossa

twerɛdua konko

estoig

twerɛdua

llapis

deɛ yɛde sensen twerɛdua
ano

maquineta de fer punta

rɔba

goma

krataa a yɛdwi adeguso

bloc de dibuix

adedwie

dibuix

penti brɔhye

pinzell

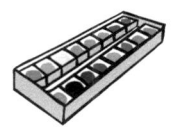

penti adaka

capsa de pintures

apasɔɔ

tisores

aman

cola

nwoma a yɛyɛ mu adwuma

quadern d'exercicis

efie adwuma

deures

nɔma

nombre

kabom

afegir

te fri mu

sostreure

mmɔho

multiplicar

sese

calcular

lɛtɛ

lletra

ntwerɛeɛ

alfabet

asɛmfua

mot

ntwerɛdeɛ

text

kenkan

llegir

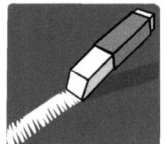

kyɔk

guix

adesua

lliçó

twerɛ wo din

llibre de classe

nsɔhwɛ

examen

abodinkrataa

certificat

sukuu ataadeɛ

uniforme escolar

adesua

formació

nyansa nwoma

enciclopèdia

suapɔn

universitat

maakroskop

microscopi

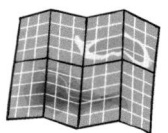

map

mapa

kɛntɛn a yɛde krataa nwura
gu mu

paperera

akwantuo

viatge

ahɔhogyebea
hotel
Grand
hostɛl
alberg
ROOMS
baabi a yɛ sesa sika
oficina de canvi
EXCHANGE
potomanto
maleta
kaa
automòbil

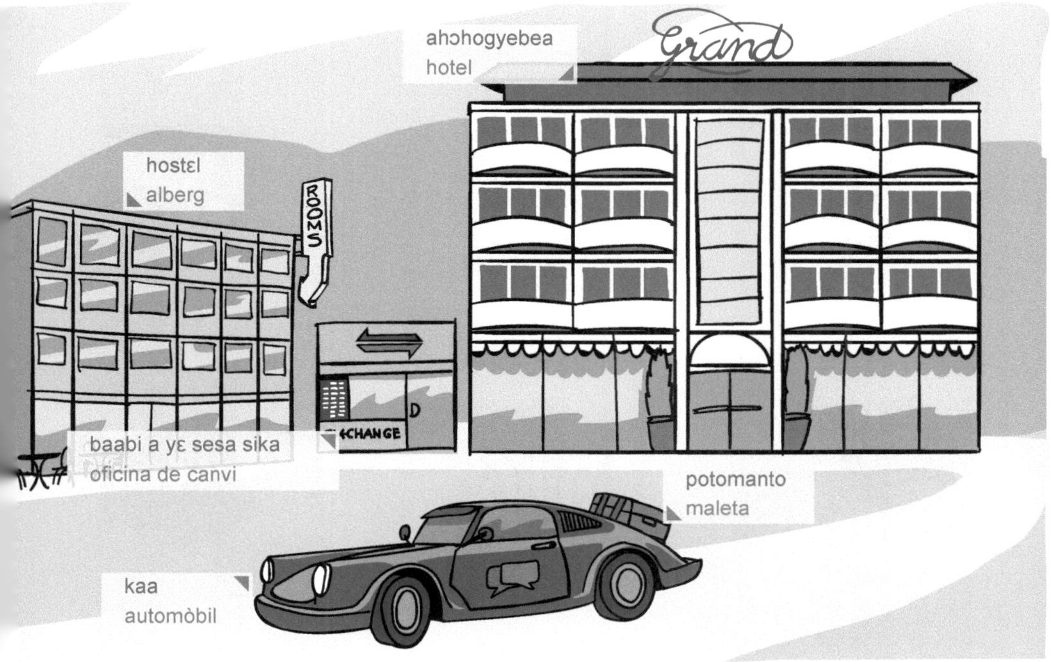

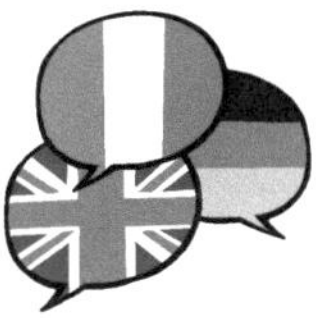

kasa

llengua

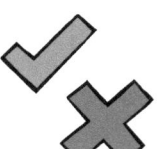

aane / dabi

sí / no

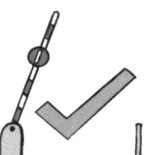

Yoo

D'acord

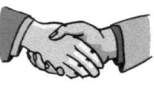

hɛlo

Ey!

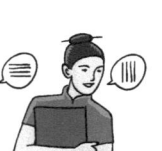

kasa asekyerɛfoɔ

traductora

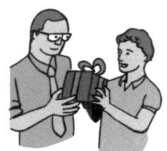

Medaase

gràcies

...bɔɔ yɛ sɛn?

Quant costa... ?

Me nte aseɛ

No entenc

ɔhaw

problema

Maadwo!

Bona nit!

Maakye!

bon dia!

Dayie!

bona nit!

baibai o

fins aviat

akwankyerɛ

direcció

wo nneɛma

bagatge

bɔtɔ

bossa

akyirebɔtɔ

sarrona

ɔhɔhoɔ

convidat

danmu

cambra

bɔtɔ a yɛda mu

sac de dormir

ntomadan

tenda

nsɛm dema wɔn a wɔkɔ
nsrahwɛ
....
oficina de turisme

mpoano
....
platja

kaade a yɛde yi sika
....
carta de crèdit

anɔpa aduane
....
esmorzar

awua aduane
....
dinar

anwumerɛ aduane
....
sopar

tiket
....
bitllet

pegya
....
ascensor

stamp
....
segell

ɛhyeɛ so
....
frontera

kutɔmfoɔ
....
duana

embasi
....
ambaixada

visa
....
visat

passpɔt
....
passaport

akɔneabadie

transport

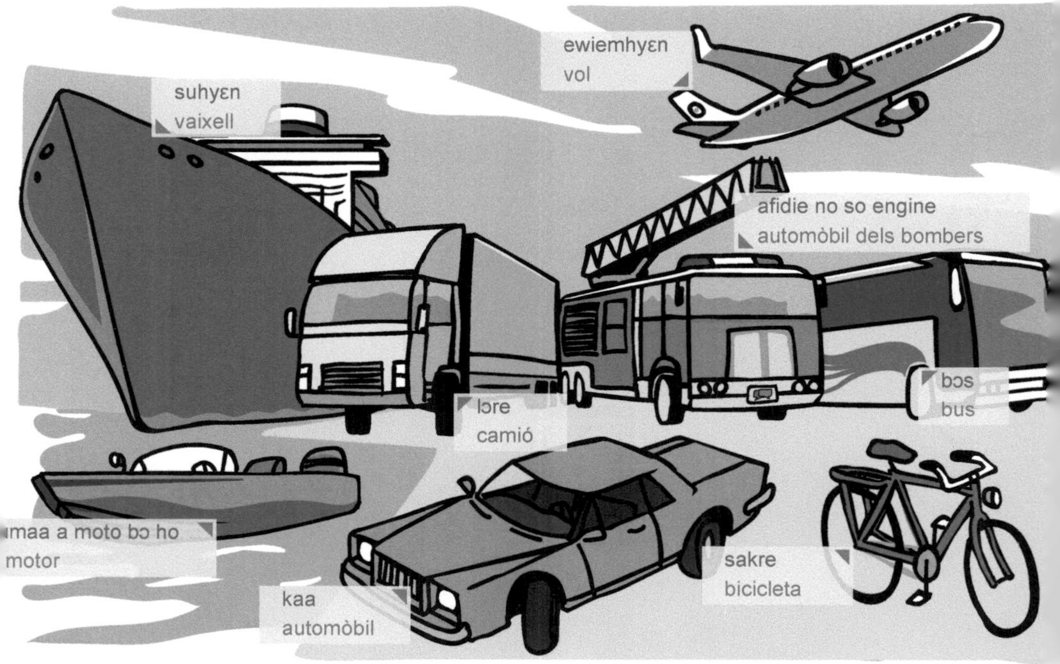

ewiemhyɛn
vol
suhyɛn
vaixell
afidie no so engine
automòbil dels bombers
bɔs
bus
lɔre
camió
ɪmaa a moto bɔ ho
motor
sakre
bicicleta
kaa
automòbil

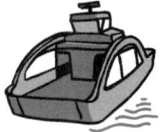

hyɛma

transbordador

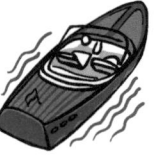

suhyɛn kumaa

barca

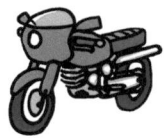

motosakre

moto

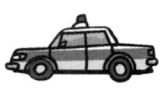

polisifoɔ kaa

automòbil de policia

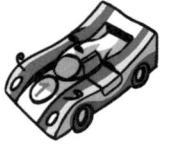

kaa a ɛkɔ mirika akansie

automòbil de curses

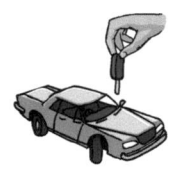

kaa a yɛde ma ahan

automòbil de lloguer

wɔre kyɛ kaa

vehicle compartit

lɔre a asɛeɛ

grua

bɔɔla kaa

camió de les escombraries

moto

motor

pɛtro

benzina

baabi a yɛbu pɛtro

benzineria

trafik ahyɛnsodeɛ

senyal de trànsit

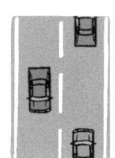

trafik

trànsit

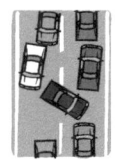

trafik akye

embús

baabi a yɛde kaa esi

aparcament

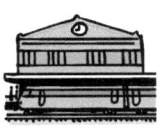

keteke gyinabea

estació de trens

keteke kwan

vies

keteke

tren

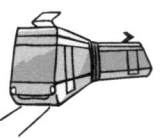

tram

tramvia

ponkɔ kaa

vagó

helikopta

helicòpter

ewiemhyɛnbea

aeroport

abansoro

torre

apasingyani

passatger

tontowa

contenidor

adaka

capsa de cartó

kaate

carretó

kɛntɛn

cistella

atu / asi fam

enlairar-se / aterrar

kuro kɛseɛ

ciutat

akurase

poble

kuro dwaberɛ mu

centre de la ciutat

efie

casa

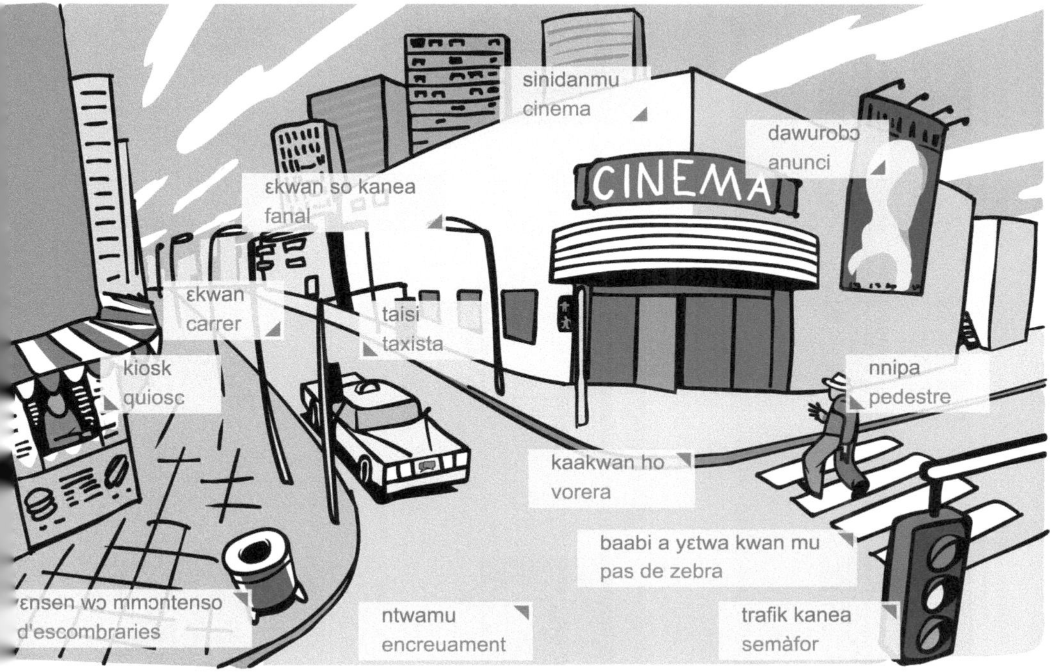
sinidanmu
cinema
CINEMA
dawurobɔ
anunci
ɛkwan so kanea
fanal
ɛkwan
carrer
taisi
taxista
kiosk
quiosc
nnipa
pedestre
kaakwan ho
vorera
baabi a yɛtwa kwan mu
pas de zebra
ɛnsen wɔ mmɔntenso
d'escombraries
ntwamu
encreuament
trafik kanea
semàfor

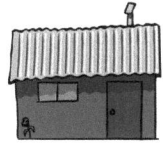

apata

cabana

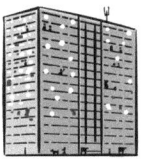

efie

apartament

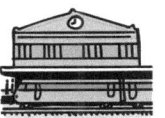

keteke gyinabea

estació de trens

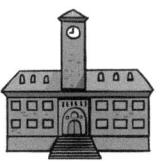

adwaberɛm

casa de la vila-ciutat

MUSEUM

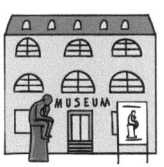

bea a yɛ kora tete nneɛma

museu

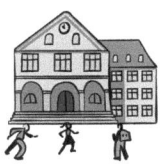

sukuu

escola

suapɔn

universitat

sikakrobea

banca

ayaresabea

hospital

ahɔhogyebea

hotel

famasi

farmàcia

asoeɛ

oficina

sotɔɔ a wotɔn nwoma

llibreria

sotɔɔ

botiga

baabi yɛtɔn nhwiren

floristeria

sotɔɔpɔn

supermercat

edwam

mercat

sotɔɔ kɛseɛ

gran magatzem

baabi a yɛtɔn mpataa

peixateria

dwadibea kɛseɛ

centre comercial

suhyɛn gyinabea

port

baabi kaa gyina

parc

bɛnkye

banc

ɛtwene

pont

atwedeɛ

escala

asaase ase

metro

ɛbɔn

túnel

baabi a bɔs gyina

parada d'autobús

nsanombea

bar

adidibea

restaurant

lɛta adaka

bústia de correu

ɛkwan so akwankyerɛ

senyal indicador

baabi kaa gyina ho mita

parquímetre

zoo

zoo

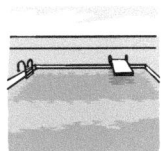

nsuo a yɛ dware mu

piscina

nkramodan

mesquita

afuo
granja

deɛ egu mmɔnten so fi
pol·lució

asieɛ
cementiri

asɔre
església

agodibea
parc infantil

asɔre dan
temple

mmɔnten so asiesie
paisatge

ahaban
fulla

sanbɔd
cartell indicador

kwan
camí

asaase a ɛsere wɔ so
prat

boba
pedra

ɔnantefoɔ
excursionista

dua
arbre

asubɔnten
riu

ɛserɛ
gespa

nhwiren
flor

amenamu
vall

bepɔ
muntanya

tadeɛ
llac

kwaeɛ
bosc

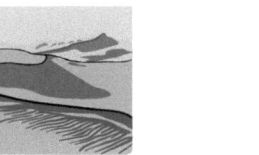

ɛserɛ so
desert

egya a efri botan mu
volcà

abankɛseɛ
castell

nyankontɔn
arc de Sant Martí

emere
bolet

abɛtene
palmera

ntomntom
moscard

tu
mosca

ntɛtea
formiga

wowa
abella

ananse
aranya

amankuo

escarabat

aponkyerɛni

granota

opuro

esquirol

apɛsɛ

eriçó

adanko

llebre

patuo

òliba

anomaa

ocell

nsuo mu dabodabo

cigne

kɔkɔte

senglar

adoa

cervo

ɔtweenini

ant

dam

presa

wind turbine afidie

turbina

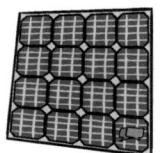

afidie a ɛkye awia

panell solar

wiem nsakraeɛ

clima

adidibea
restaurant

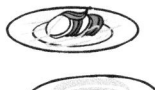

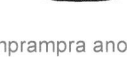

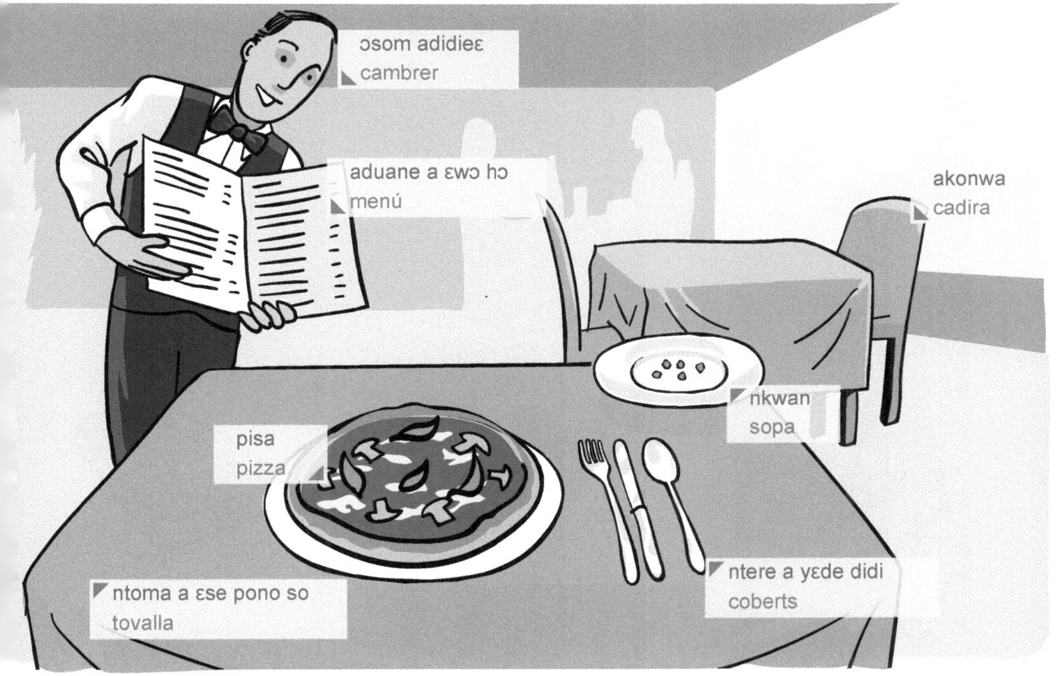

ɔsom adidieɛ
cambrer
aduane a ɛwɔ hɔ
menú
akonwa
cadira
nkwan
sopa
pisa
pizza
ntoma a ɛse pono so
tovalla
ntere a yɛde didi
coberts

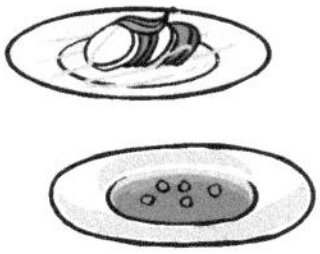

mprampra anom

primer plat

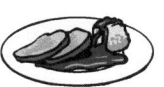

aduane no ankasa

plat principal

mpa anom

darreries

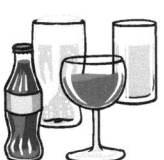

nsa

begudes

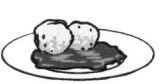

aduane

menjar

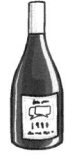

toa

ampolla

aduane hyewhyew

menjar ràpid

abɔnten so aduane

menjar de carrer

tii kukuo

tetera

asikyire konko

sucrer

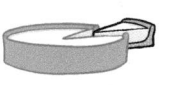

wo kyɛfa

porció

espresso afidie

màquina d'espresso

akonwa tenten

trona

wo ka

factura

apanpan

plata

sekan

ganivet

adinam

forqueta

atere

cullera

atere ketewa

cullereta

napkin a yɛde pepa ano

tovalló

glase

got

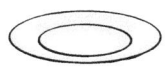

prɛte

plat

kwan kyɛnsee

plat de sopa

prɛte ketewa

plateret

abomu

salsa

nkyene kukuo

saler

yɛde yam mako

molinet de pebre

fenega

vinagre

anwa

oli

aduhwam

espècies

kɛkyɔp

quètxup

mustad

mostassa

mayones

maionesa

sotɔɔpɔn

supermercat

ntesoɔ soronko
oferta especial
FOR
adetɔfoɔ
client
nanatwie nufusuo
productes lactis
aduaba
fruites
hwiili
carret de la compra

BUTCHERS

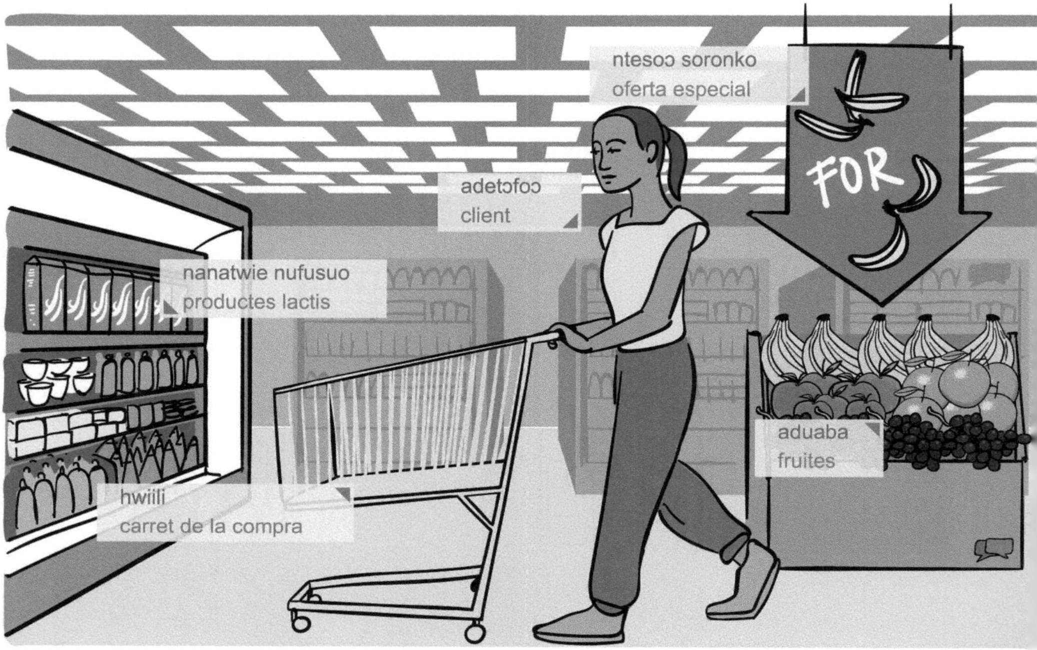

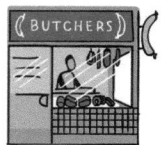

baabi a yɛtɔn nam

carnisseria

BAKERY

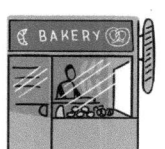

baabi a yɛtɔn paano

forn de pa

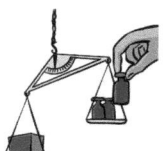

susu

pesar

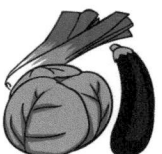

atosodeɛ

verdures

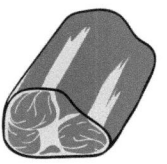

nam

carn

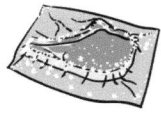

frigyemu aduane

menjar congelat

nam a adwoɔ

carn freda

kyɛnsee mu aduane

conserves

paoda samena

detergent en pols

adedɔkɔdɔkɔ

dolços

efie nneɛma

articles domèstics

adetɔneɛ a yɛde pepa fin

productes de neteja

nnipa a ɔtɔn adeɛ

venedora

afidie a egye sika

caixa registradora

ɔgyegye sika

caixera

ataa a wodi rekɔ di dwa

llista de la compra

berɛ a wɔde bua

horari d'obertura

sikabɔtɔ

portamonedes

kaade a yɛde yi sika

carta de crèdit

baage

bossa

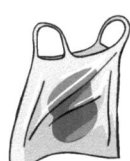

rɔba baage

bossa de plàstic

nsuo

aigua

aduaba mu nsuo

suc

nufusuo

llet

kok

coca-cola

wain nsa

vi

biya

cervesa

mmorosa

alcohol

kokoo

cacau

tii

te

kofe

cafè

espresso

espresso

kapukyino

cappuccino

kwadu

banana

apol

poma

ankaa

taronja

melon

síndria

akutɔ

llimona

karɔt

pastanaga

garlik

all

pampro

bambú

gyeene

ceba

mmere

bolet

nkateɛ

avellanes

talia

fideus

spageti

espaguetis

ɛmo

arròs

salad

amanida

kyipis

patates fregides

abrɔdwomaa a y'akye

patates fregides

pisa

pizza

hambɔga

hamburguesa

sanwekye

entrepà

nam a dompe nnim

escalopa

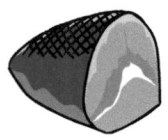

preko nam

cuixot

nam a y'ahata

salami

sɔsege

salsitxa

akokɔ

pollastre

toto

rostit

apataa

peix

oosu koko

flocs de civada

muesli

musli

konflese

cereals

esam

farina

krossant

croissant

paano a y'abobɔ

panet

paano

pa

paano a y'atoto

torrada

biskete

bescuits

bɔta

mantega

nufusuo a ada

mató

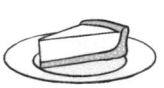

keeke

pastís

kosua

ou

kosua a y'akyeɛ

ou fregit

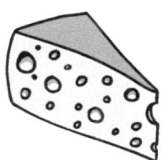

kyiis

formatge

aduane - menjar

25

asskrim

gelat

asikyire

sucre

ɛwoɔ

mel

gyaam

melmelada

kyokolete

crema de xocolata

kɔri

curri

afuo
granja

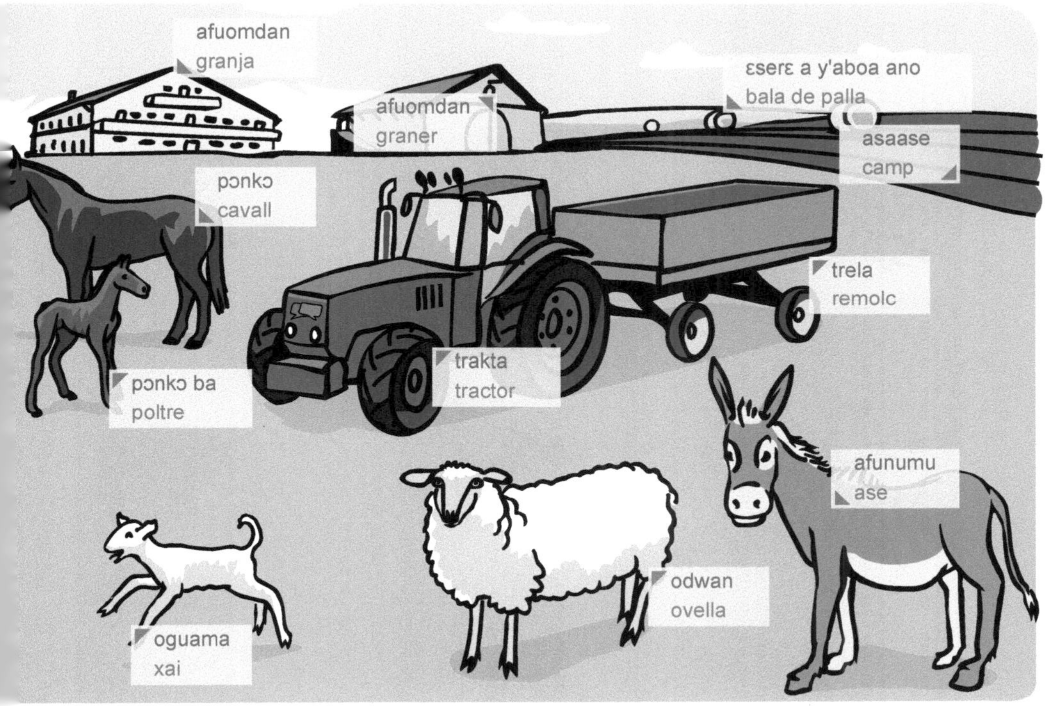

afuomdan
granja
afuomdan
graner
ɛserɛ a y'aboa ano
bala de palla
asaase
camp
pɔnkɔ
cavall
trela
remolc
trakta
tractor
pɔnkɔ ba
poltre
afunumu
ase
odwan
ovella
oguama
xai

aponkye
cabra

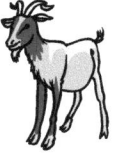

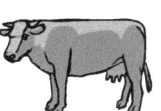

nantwie
vaca

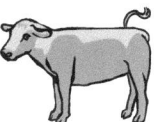

nantwie ba
vedella

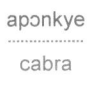

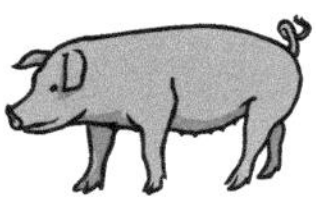
prɛko
porc

prɛko ba
garrí

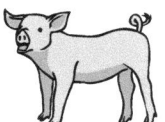

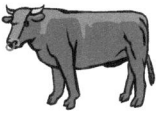

nantwinini
bou

dabodabo nua

oca

dabodabo

ànec

akokɔba

poll

akokɔbedeɛ

gall

akokɔnini

gallina

kusie

rata

ɔkra

gat

akura

ratolí

nantwinini

bou

kraman

gos

kraman buo

gossera

afuom drobɛn

mànega de regar

tontora a yɛde gu nsuo

regadora

sekan a yɛde twa aburo

dalla

funtum dadeɛ

arada

kɔntɔnkrɔ

falç

asɔ

aixada

afuom adinam

forca

akuma

destral

hweebaro

carretó

adidika

abeurador

nufusuo konko

lletera

bɔtɔ

sac

ɛban

tanca

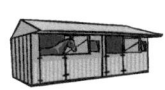

pɔnkɔ dan

establa

ntomadan a yɛyɛ mu afuo

hivernacle

anwea

sòl

aba

llavor

ɔyɛ asaaseyie

adob

otwaberɛ trakta

collidora

twa

collir

otwaberɛ

collita

bayerɛ

nyam

ayuo

blat

soya

soja

abrɔdwomaa

patata

aburo

blat de moro o d'indi

repu aba

colza

dua a ɛso aba

arbre fruiter

bankye

mandioca

aburo asefoɔ

cereals

efie
casa

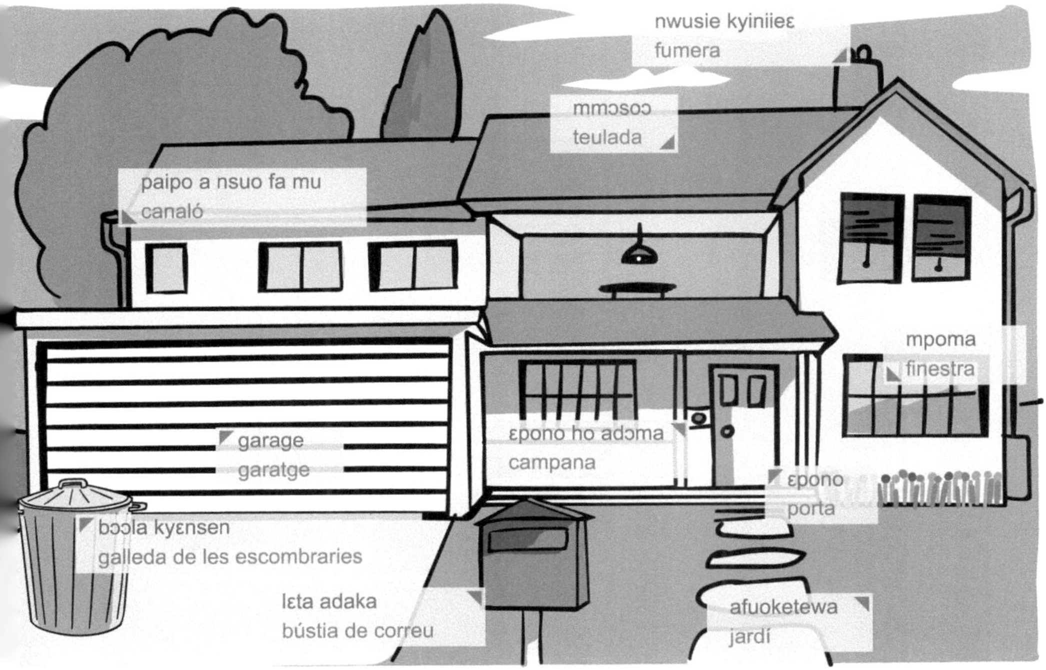
nwusie kyiniieɛ
fumera
mmɔsoɔ
teulada
paipo a nsuo fa mu
canaló
mpoma
finestra
garage
garatge
ɛpono ho adɔma
campana
ɛpono
porta
bɔɔla kyɛnsen
galleda de les escombraries
lɛta adaka
bústia de correu
afuoketewa
jardí

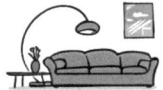

asaso
sala d'estar

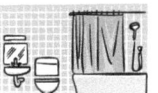

adwareɛ
bany

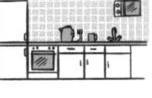

mukaase
cuina

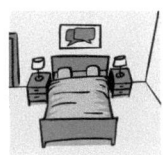

pie mu
cambra de dormir

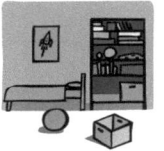

nkwadaa dan mu
cambra de nen

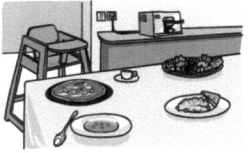

dan a yɛdidi mu
menjador

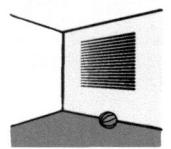

εfam
sòl

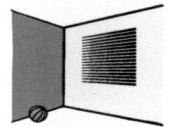

εban
paret

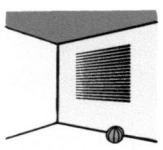

abruuso
sostre

danbloo
soterrani

adwereε a εbɔ ɔhyew
sauna

abranaa
balcó

abranaaso
terrassa

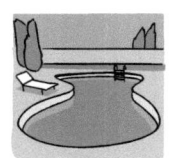

nsuo a yɛdware mu
piscina

afidie a yɛde dɔ
tallagespa

nsεfam
vànova

ntoma a εse kεtε so
cobrellit

mpa
llit

prayε
escombra

bokiti
galleda

dane
interruptor

asaso

sala d'estar

krataa a ɛfam dan ho
paper de paret
nfonin
quadre
kanea
làmpada
kɔbɔd
prestatge
kɔbɔd adaka
armari
tiivi
televisor
egya dabrɛ
escalfapanxes
nhwiren
flor
kuhyɛn
coixí
akonwa kɛseɛ
sofà
kukuo a nhwiren hye mu
gerro
remote
telecomanda

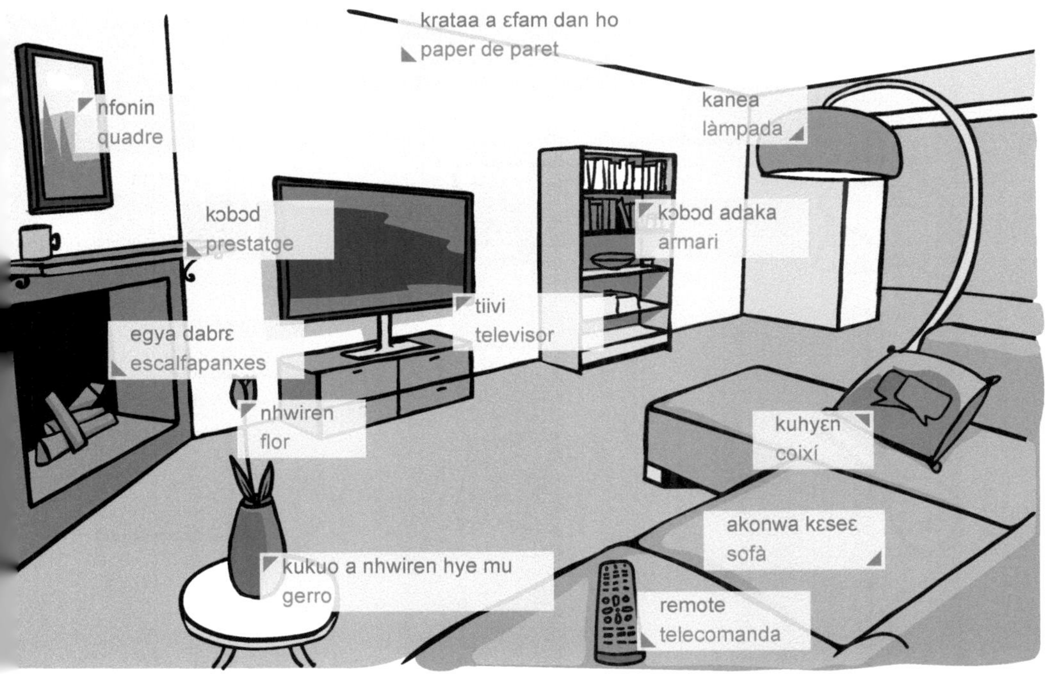

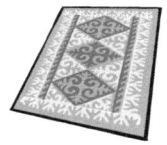

kapɛte

catifa

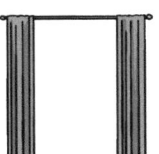

ntwaa dan mu

cortina

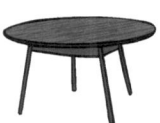

ɛpono

taula

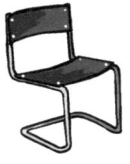

akonwa

cadira

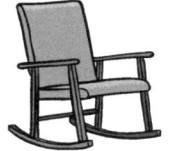

akonwa a ehinhim

cadira gronxadora

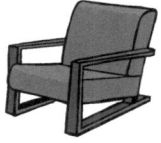

akonwa a yɛgyegye dan

cadiral

nwoma

llibre

kuntu

llençol

dan mu nsiesie

decoració

egya

llenya

sini

film

wailɛs

cadena de música

safoa

clau

koowaa krataa

diari

nfonin a y'adwi

pintura

nfam danho

cartell

radio

ràdio

krataa a yɛ twere mu

bloc de notes

afidie a ɛprapra

aspiradora

kaktus

cactus

kyɛnere

candela

mukaase
cuina

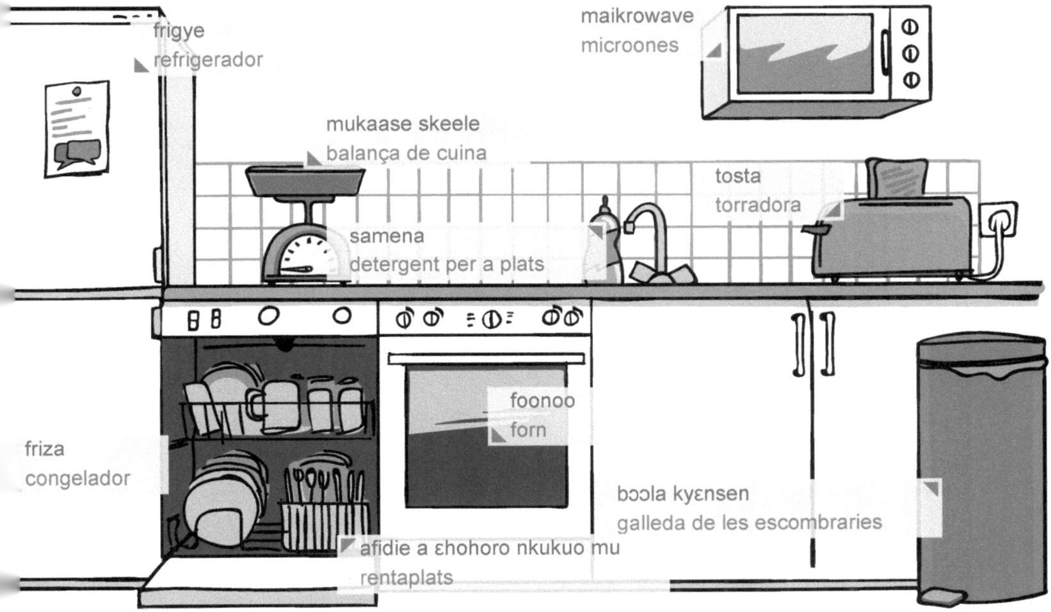

frigye
refrigerador
maikrowave
microones
mukaase skeele
balança de cuina
tosta
torradora
samena
detergent per a plats
foonoo
forn
friza
congelador
bɔɔla kyɛnsen
galleda de les escombraries
afidie a ɛhohoro nkukuo mu
rentaplats

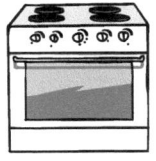

abɛɛfo bukyea

cuina de fogons

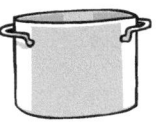

kokuo

olla

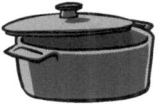

dadesɛn

olla de ferro colat

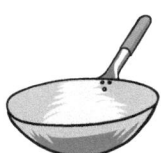

wok / kadai

wok / karahi

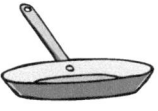

kyɛnsee

paella

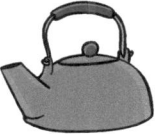

nsuo hyeɛ afidie

bullidor

stiima

olla de vapor

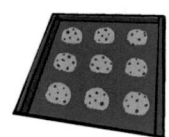

apa a yɛ to so adeɛ

plata de forn

prɛte, kuruwa, ntere ne nea ɛkeka ho

vaixella

kuruwa a etumi bɔ

tassa grossa

kyɛnsee

bol

nnua a yɛde didi

bastonets xinesos

kwantre

culler

dua atere

espàtula

yɛde nu adeɛ mu

batedor

sɔneɛ

colador

fefe

sedàs

greta

ratllador

waduro

morter

kyinkyinga

barbacoa

bukyea

foc a terra

pono a yɛ twitwaso adeɛ

taula de tallar

ɛta

corró

deɛ yɛtu nsa so

llevataps

konko

pot de conserva

deɛ yɛde bue konko so

obridor

yɛde sɔ kukuo mu

agafador

sink

aigüera

brɔhye

raspall

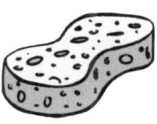

sapɔ

esponja

aduane yam fidie

batedora

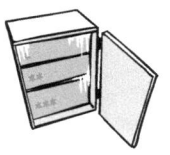

friza nini

congelador

toa a abɔdoma nom ano

biberó

paipo

aixeta

adwareɛ
bany

ɔhyewbɔ
calefacció
bɔɔloba
tovallola
hyawa
dutxa
ntoma etwa hyawa mu
cortina de dutxa
ahuro a yɛdware mu
bany de bombolles
pan a yɛdware mu
banyera
glase
got
afidie a esi nnɛma
rentadora
paipo
aixeta
tiailse
rajoles
kuraba
orinal
sink
aigüera

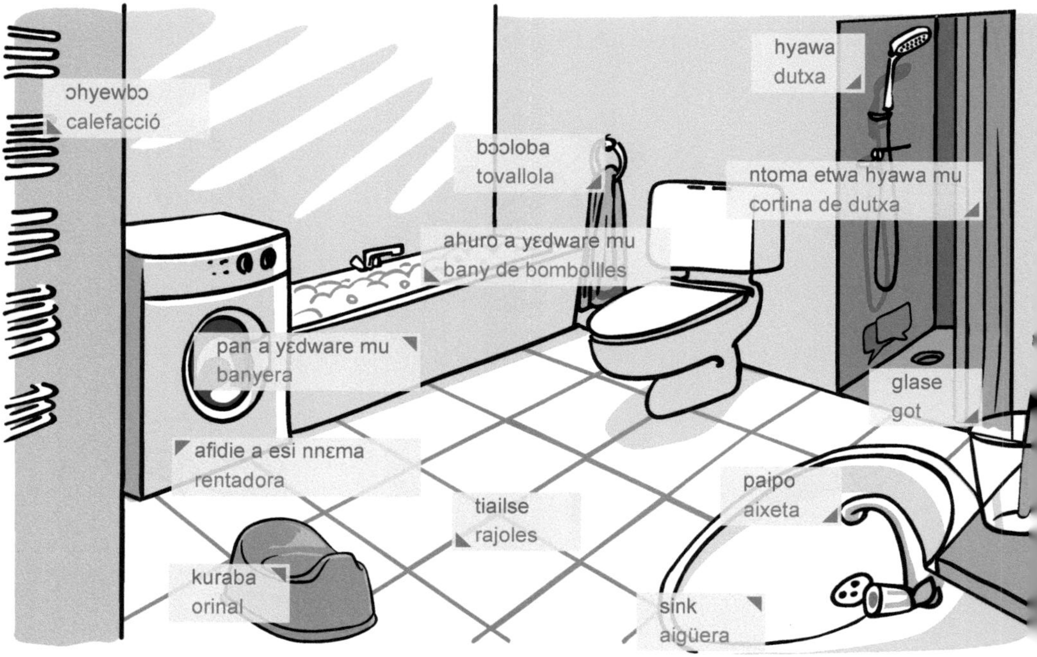

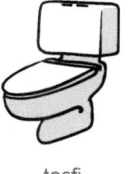

teɛfi
lavabo

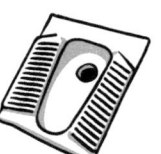

teɛfi a yɛ koto so
lavabo turc

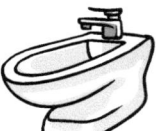

bidet teɛfi
bidet

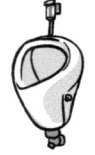

dwonsɔ dan
orinador

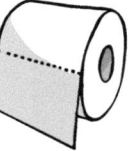

teɛfi so krataa
paper higiènic

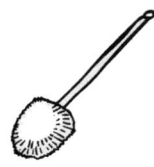

teɛfi so brɔhye
escombreta de sanitari

brɔhye a yɛde twitwiri see

raspall de dents

aduro a yɛde twitwiri see

pasta de dents

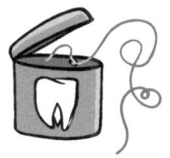

yɛde yiyi ɛsee mu

fil dental

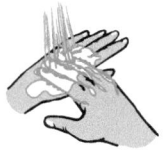

si

rentar

hyawa a yɛsɔ mu

pom de dutxa

paipo a yɛde hohoro ananmu

dutxa íntima

bokiti

rentamans

brɔhye a wode dware w'akyi

raspall per a l'esquena

samena

sabó

hyawa samena

gel de dutxa

nsuo samena

xampú

flanɛl ntoma

manyopla de bany

baabi a nsu fa pue

bonera

nku

crema

yɛde fefa amotoamu

desodorant

ahwehwɛ
mirall

ahwehwɛ a yɛsɔ mu
mirall-espill de mà

bled
maquineta de rasar

ahuro a yɛde yi nwi
espuma de barbejar

aduro a yɛde fefa baabi a
wo ayi nwi
loció post-rasada

afen
pinta

brɔhye
raspall

afidie a ɛwo nwi
eixugador

enwi sopre
laca

pɔns
maquillatge

lipstike
pintallavis

penti a yɛde mɔreɛ so
esmalt d'ungles

asaawa
cotó

apasɔɔ a etwa mmɔreɛ
tallaungles

aduhwam
perfum

adwareɛ baage

estoig de bellesa

edwa

tamboret

skele

bàscula

adwereɛ ataadeɛ

barnús

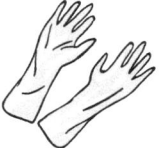

rɔba a yɛde hyɛ nsa ho

guants de goma

tampon

compresa higiènica

abɛɛfo amonsen

compresa

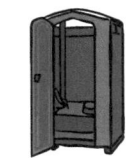

teɛfi a aduro gum

sanitari químic

nkwadaa dan mu
cambra de nen

klɔk a ɛbɔ nkaeɛ
despertador
kyoobi
animal de peluix
toi kaa
auto de joguina
akasaa
sonall
broniba dan
casa de nines
seeseiara
present

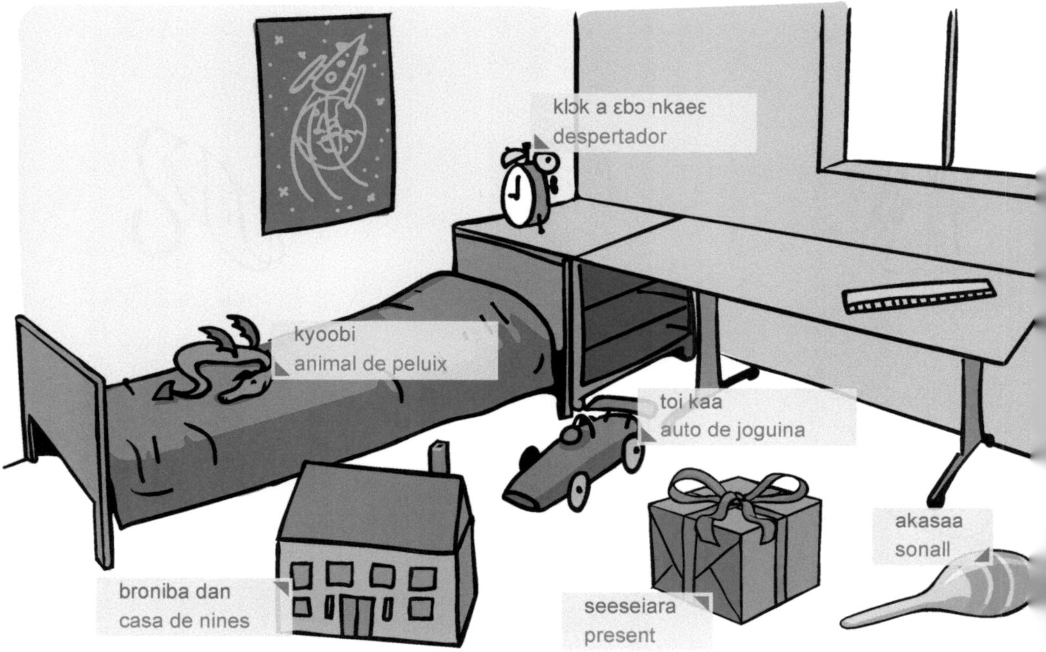

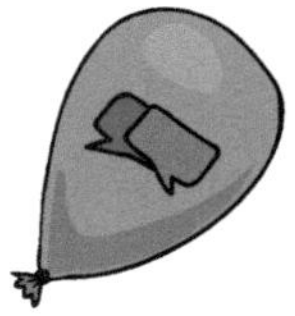

baaluu

baló

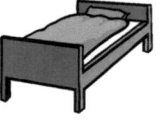

mpa

llit

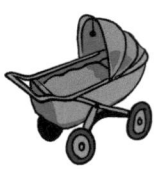

nkwadaa kaa

cotxet per a nens

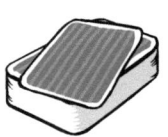

sopaa

joc de cartes

gyiksɔɔ

trencaclosca

SUPER MEGA

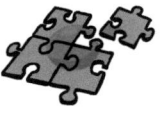

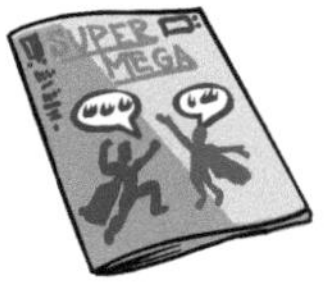

nsɛnkwa

historieta

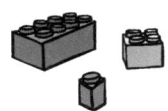

lego blɔg

peces de lego

blɔg a yɛde si dan

peces de construcció

nnipa ɔbɔhye

ninot d'acció

abɔdoma ataadeɛ

granota

frisbee

frisbee

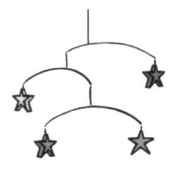

mobail

mòbil per a bressol

ponoso agodie

joc de taula

daahye

daus

nkwadaa keteke

tren elèctric

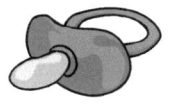

koliko

xumet

apontoɔ

festa

nfonin nwoma

llibre de dibuixos

bɔɔlo

pilota

broniba

nina

di agorɔ

jugar

anwea adaka

sorrera

adonko

gronxador

tois

joguines

video agodie apaawa

consola de jocs de vídeo

sakre a ne nan mɛnsa

tricicle

kyoobi

osset de peluix

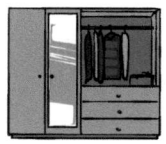

wɔdropo

armari

ntaadeɛ

roba

sɔks

mitjons

stokens

mitges

sekentait

mitja pantaló

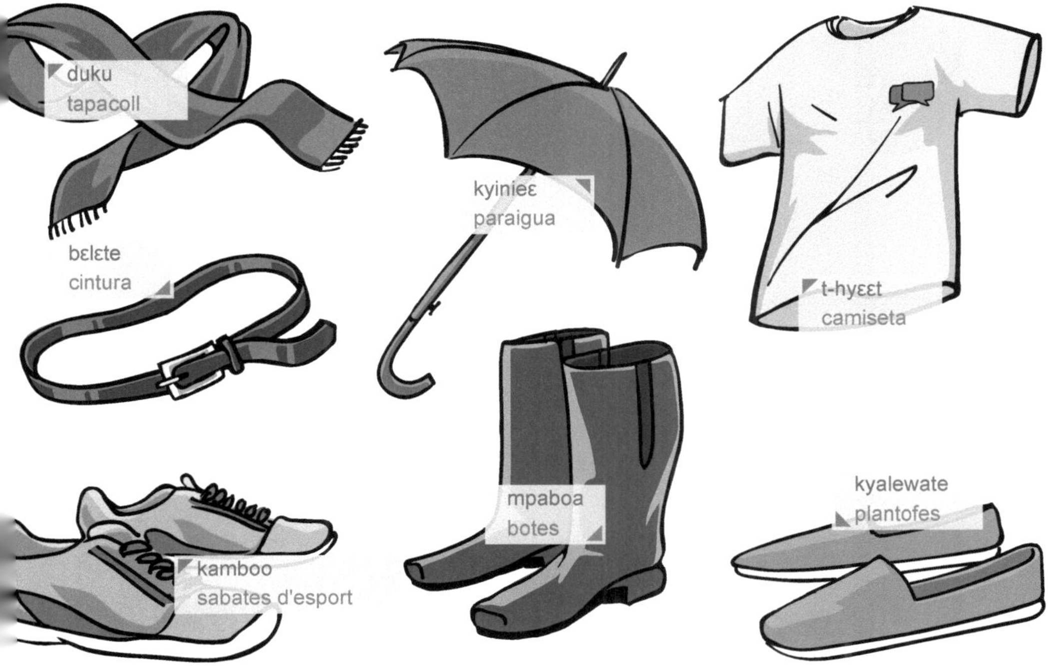

duku
tapacoll

kyiniɛɛ
paraigua

bɛlɛte
cintura

t-hyɛɛt
camiseta

mpaboa
botes

kyalewate
plantofes

kamboo
sabates d'esport

asopatre
·················
sandàlies

mpoboa
·················
sabates

rɔba mpaboa
·················
botes de goma

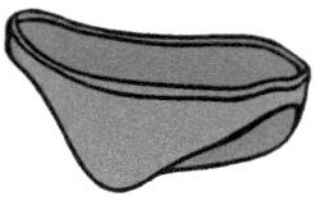

ɛtam
·················
calçonets

bra
·················
sostenidor

singlɛte
·················
guardapits

nipadua

jjustacòs

trɔsa

pantalons

gyins

jeans

sekɛɛt

faldeta

ɛsoro ataadeɛ

brusa

hyɛɛte

camisa

nkatoho a ɛko awɔ

jersei

hoodie

dessuadora

koot

blazer

nkatasɔɔ

jaqueta

nkatasɔɔ

mantell

nsutɔ mu nkataho

impermeable

dwumadie bi ho ataadeɛ

vestit de dona

mmaa atadeɛ

vestit de dona

ayefrɔ ataadeɛ

vestit de núvia

kootu

vestit d'home

mmaa ataadeɛ a yɛde da

camisa de dormir

pigyamas ataadeɛ

pijama

sari

sari

duku

mocador de cap

abotire

turbant

burka

burca

kaftan

caftan

nkramofoɔ mmaa atadeɛ

abaia

_adeɛ a yɛde dware nsuo

vestit de bany

asenemu ataadeɛ

calçon(et)s de bany

nika

pantalons curts

agokansie ntaadeɛ

xandall

akatasoɔ

davantal

nsa nkataho

guants

bɔtom

botó

sopɛɛse

ulleres

ahwneɛ

braçalet

komadeɛ

collaret

kawa

anell

asomadeɛ

orellera

ɛkyɛ

casquet

yɛde koot sɛn so

penjador

ɛkyɛ

capell

abɔmene mu

corbata

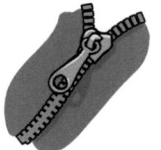

zip

cremallera

ɛkyɛ denden

casc

bresis

elàstics

sukuu ataadeɛ

uniforme escolar

adwuma ataadeɛ

uniforme

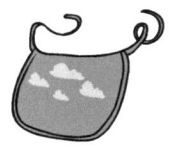

mmɔfra bib

pitet

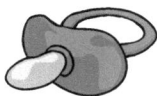

koliko

xumet

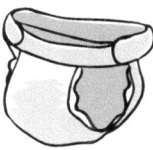

nkwadaa napken

bolquer

asoeɛ

oficina

sɛɛva
servidor
kabenɛt
armari arxivador
printa
impressora
krataa
paper
monita
monitor
Maws
ratolí
ɛpono a yɛyɛ so adwuma
escriptori
nhyemu
arxivador
ntwerɛeɛ pono
teclat
akonwa
cadira
yɛde krataa nwura gu mu
komputa
ordinador

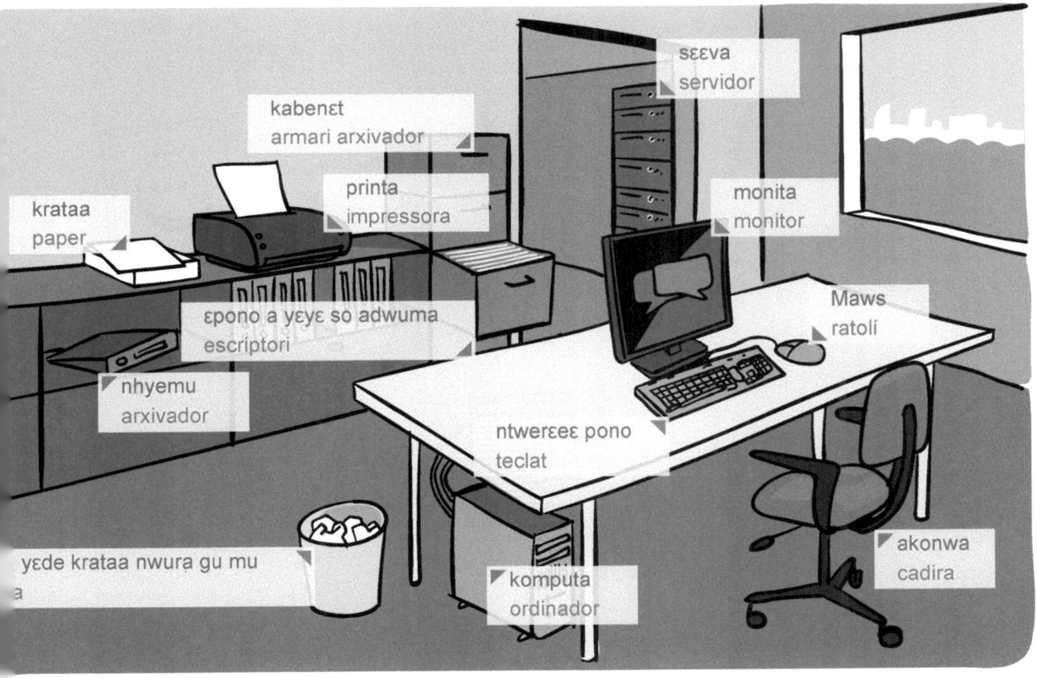

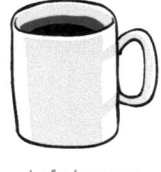

kɔfe kuruwa

tassa de cafè

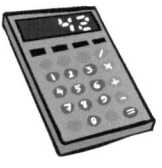

akontabuo fidie

calculadora

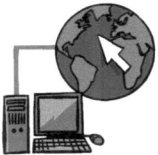

intanɛt

Internet

laptop

ordinador portàtil

lɛta

lletra

nkratoɔ

missatge

mobail kasafidie

mòbil

nɛtwɛke

xarxa

fotokɔpi

fotocopiadora

softwɛɛ

programari

tetefon

telèfon

sɔkɛt

presa de corrent

faks afidie

fax

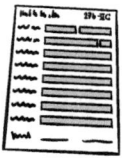

katraa

formulari

nkrataa

document

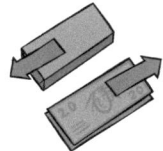

tɔ

comprar

tua

pagar

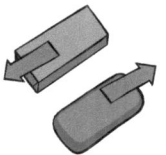

di dwa

comerciar

sika

diners

USD

dollar

dòlar

EUR

euro

euro

JPY

yen

ien

RUB

rubel

ruble

CHF

Swiss franks

franc suís

CNY

renminbi yuan

renminbi

INR

rupii

rupia

baabi yɛtua sika

caixa automàtica

baabi a yɛ sesa sika

oficina de canvi

sika kɔkɔɔ

or

dwetɛ

argent

now

petroli

ahoɔden

energia

ne boɔ

preu

kontragye

contracte

ɛtoɔ

impost

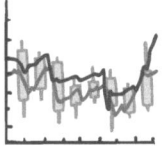

stɔk

acció

adwuma

treballar

adwumayɛni

treballador

adwumawura

empresari

mfididwuma mu

fàbrica

sotɔɔ

botiga

nwuma ahodoɔ

oficis

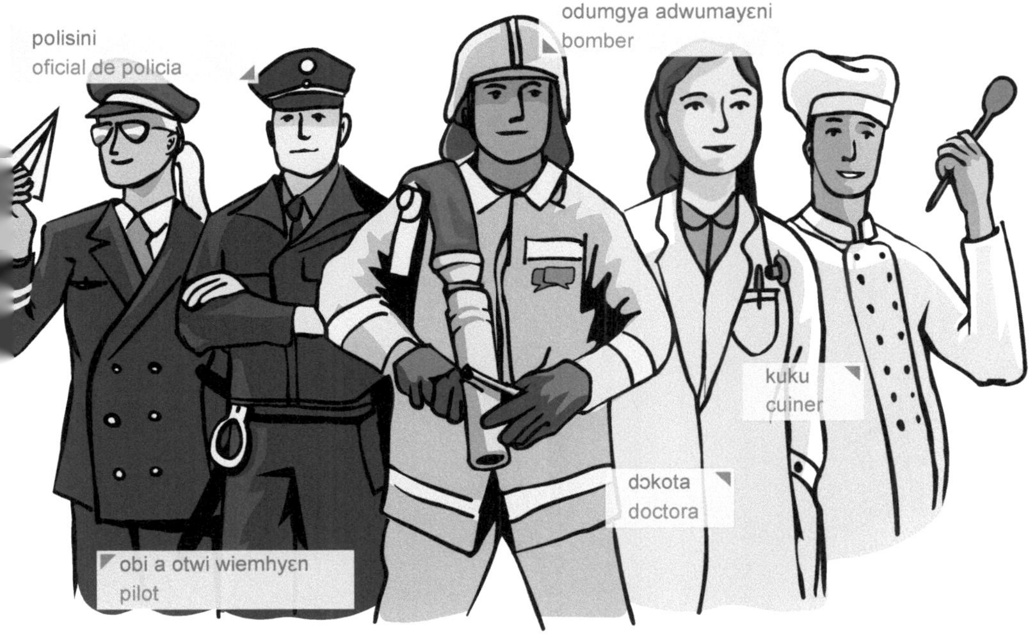

polisini
oficial de policia
odumgya adwumayɛni
bomber
kuku
cuiner
dɔkota
doctora
obi a otwi wiemhyɛn
pilot

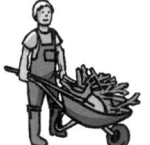

ɔyɛ afuo

jardiner

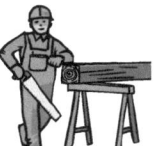

dua dwomfoɔ

fuster

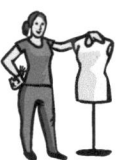

adepani baa

costurera

atɛnmuafoɔ

jutge

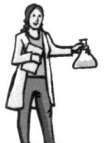

ɔtɔn nnuro

química

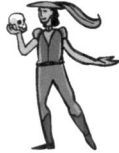

sini yɛfoɔ

actor

bɔs drɔba

conductor d'autobús

taisi drɔba

taxista

ɔpofoɔ

pescador

ɔbaa a osiesie fie

dona de la neteja

ɔbɔdanso

ensostrador

ɔsom adidieɛ

cambrer

bɔmɔfoɔ

caçador

penta

pintor

ɔto paano

forner

ɔyɛ nkaneɛ ho adwuma

electricista

ɔdansifoɔ

obrer de la construcció

inginia

enginyer

ɔdwa nam

carnisser

plɔmba

llanterner

krataa manefoɔ

correu

sogyani

soldat

ɔdwi adan

arquitecte

ɔgyegye sika

caixera

ɔtɔn nhwiren

florista

ɔyɛ tire

perruquer

meeti

revisor

fitani

mecànic

nnipa a otwi suhyɛn

capità

ɛsee dɔkota

dentista

abɔdeɛ mu nimdefoɔ

científic

rabi

rabí

kramo panin

imam

ɔsɔfo

monjo

osɔfo

capellà

anwenade

eines

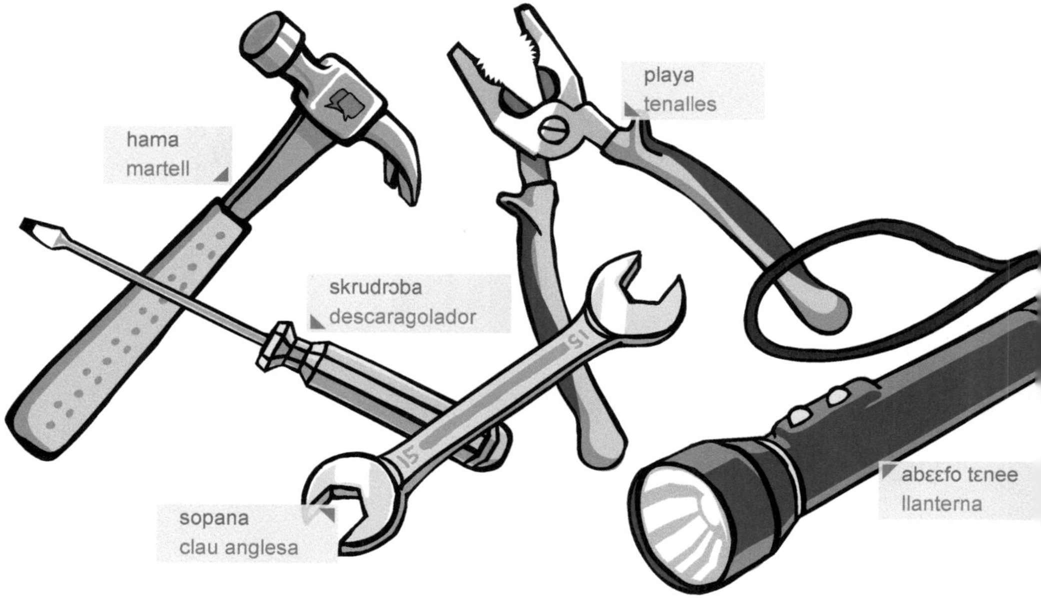
hama
martell
playa
tenalles
skrudrɔba
descaragolador
sopana
clau anglesa
abɛɛfo tɛnee
llanterna

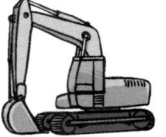

otu amena

excavadora

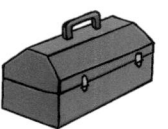

anwenade adaka

caixa d'eines

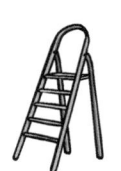

atwedeɛ

escala

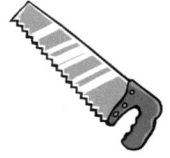

asradaa

serra

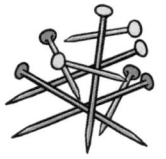

nnadewa

claus

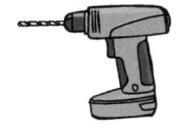

afidie a yɛde bɔne tokro

trepant

siesie
reparar

sofi
pala

Ebei!
Maleït siga!

asanwura
pala

penti kukuo
pot de pintura

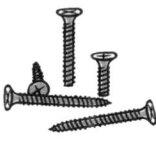

skruu
caragols

nnɛɛma a yɛde bɔ nwom
instrument de música

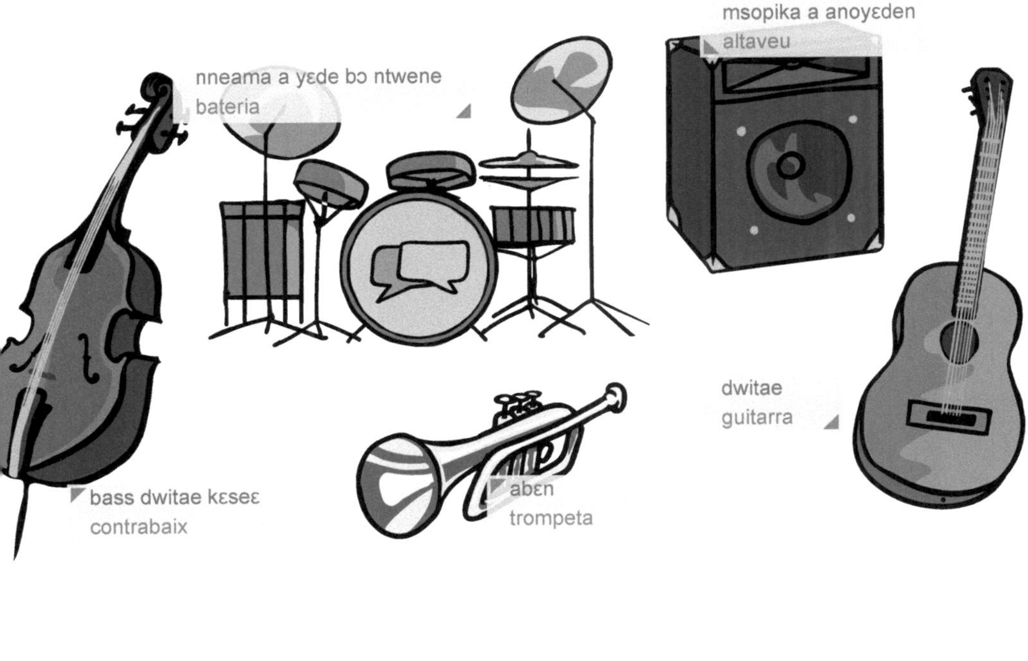

nneama a yɛde bɔ ntwene
bateria

msopika a anoyɛden
altaveu

dwitae
guitarra

bass dwitae kɛseɛ
contrabaix

abɛn
trompeta

sankuo

piano

ahoma sankuo

violí

bass dwitae

baix

atumpan

timbal

ntwene

tambor

ntwerɛeɛ apa

teclat

saksofon

saxofon

atentenbɛn

flauta

maikrofon

micròfon

cɛɔ
tigre

ɛpono ano
entrada

mmoa dan
gàbia

zebra
zebra

mmoa aduane
aliment per a animals

panda
ós panda

mmoa

animals

ɔsono

elefant

kangaru

cangurú

raino

rinoceront

akatea

goril·la

sisire

ós

afunuponkɔ

camell

sohori

estruç

gyata

lleó

adwee

simi

flamingo

flamenc

ako

papagai

awɔ mu sisire

ós polar

penguin

pingüí

oboodede

ca mari

akɔkonini abankwa

paó

wɔwɔ

serp

dɛnkyɛm

cocodril

nnipa ɛhwɛ zoo so

guardià del zoo

nsuo mu gyata

foca

sebɔ

jaguar

zoo - zoo

ponkɔ ba

poni

etwie

lleopard

susuono

hipopòtam

kontenten

girafa

ɔkɔdeɛ

àliga

kokɔte

senglar

apataa

peix

sudandan

tortuga

walrus

morsa

sakraman

guineu

ɔtwee

gasela

Amerikafoɔ futbɔɔlo
futbol americà

skre twie
ciclisme

tennis
tenis

basketbɔɔlo
bàsquet

nsuom adwareɛ
natació

akutruku
boxa

asukɔkyea so hɔki
hoquei sobre gel

futbɔl

futbol americà

badmintin

bàdminton

mirikatuo

atletisme

bɔɔlo a yɛde nsa bɔ

handbol

skii

esquí

polo

polo

sere
riure

huri
saltar

bam
abraçar

to dwom
cantar

nante
anar

so daeɛ
somiar

bɔ mpaeɛ
pregar

fe ano
fer un petó

twerɛ	dwi	kyerɛ
escriure	dibuixar	mostrar
pia	ma	fa
pitjar	donar	prendre

nya

tenir

yɛ

fer

yɛ

ésser

gyina

estar dret

tu mirika

córrer

twe

estirar

to

llançar

tɔ fam

caure

da hɔ

jeure

twɛn

esperar

soa

portar

tenase

asseure's

hyɛ ataadeɛ

vestir-se

da

dormir

nyane

despertar-se

hwɛ

mirar

su

plorar

san ho

amoixar

nunum

pentinar

kasa

parlar

te aseɛ

comprendre

bisa

demanar

tie

escoltar

nom

beure

didi

menjar

yɛ nsiesie

endreçar

ɔdɔ

estimar

noa

cuinar

twi

conduir

tu

volar

fa nsuo so

navegar

sese

calcular

kenkan

llegir

sua

aprendre

adwuma

treballar

ware

casar-se

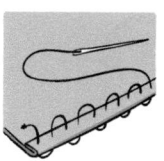

pam

cosir

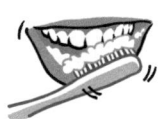

twitwiri wo se

raspallar-se les dents

kum

matar

nom gyot

fumar

mane

enviar

nana baa
àvia

nana barima
avi

papa
pare

maame
mare

abɔdoma
nadó

ba baa
filla

ba barima
fill

ɔhɔhoɔ

convidat

sewaa

tia

wɔfa

oncle

nua barima

germà

nua baa

germana

nipadua

cos

moma
front
ani
ull
abɛtire
espatlla
nsatea
dit
anim
cara
apantan
barbeta
nsa
mà
ɛnan
cama
nufoɔ
pit
nsa
braç

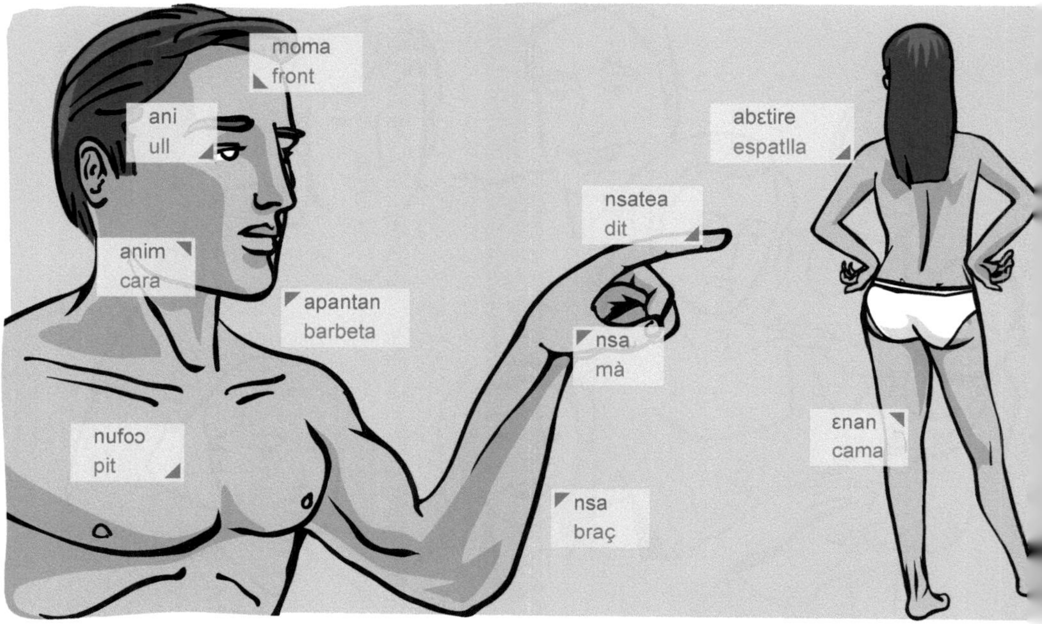

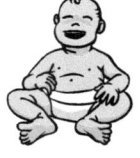

abɔdoma

nadó

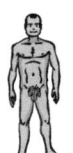

barima

home

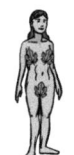

ɔbaa

dona

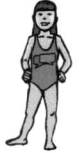

abayewa

noia

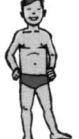

abarimawa

noi

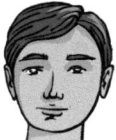

etire

cap

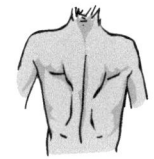

akyi

esquena

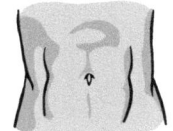

afro

panxa

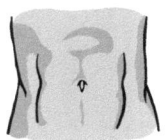

fruma

melic

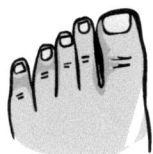

nansoa

dit gros del peu

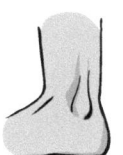

nantini

taló

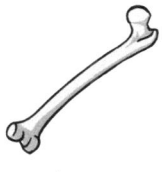

dompe

os

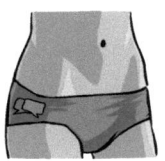

ataasɔɔ

maluc

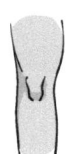

kotodwe

genoll

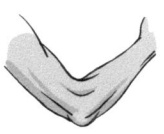

abatwɛ

colze

ɛhwene

nas

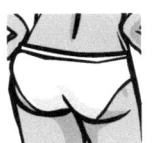

ɛtoɔ

cul

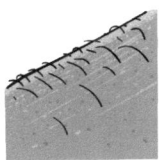

wedeɛ

pell

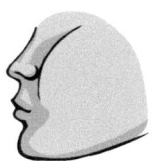

afono

galta

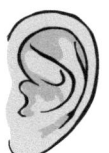

aso

orella

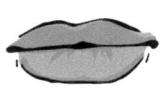

ano

llavi

anom

boca

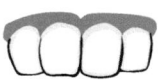

ɛsee

dent

tɛkyerɛma

llengua

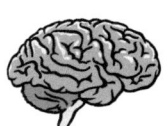

adwene

cervell

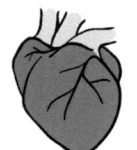

akoma

cor

ntini

múscul

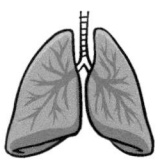

aharawa

pulmó

brɛboɔ

fetge

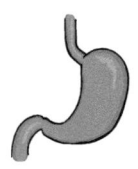

yafunu

estómac

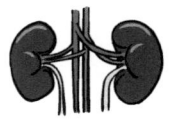

asaa

ronyó

nna

relació sexual

kɔndɔm

preservatiu

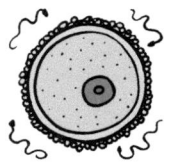

ɔbaa nkosua

ovari

barima ho nsuo

semen

nyinsɛn

prenyat

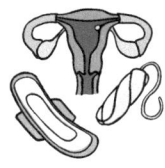

nsabuo

menstruació

ɛtwɛ

vagina

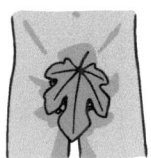

kɔteɛ

penis

anintɔn

cella

enwin

cabells

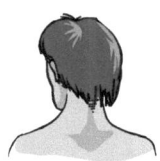

ɛkɔn

coll

ayaresabea
hospital

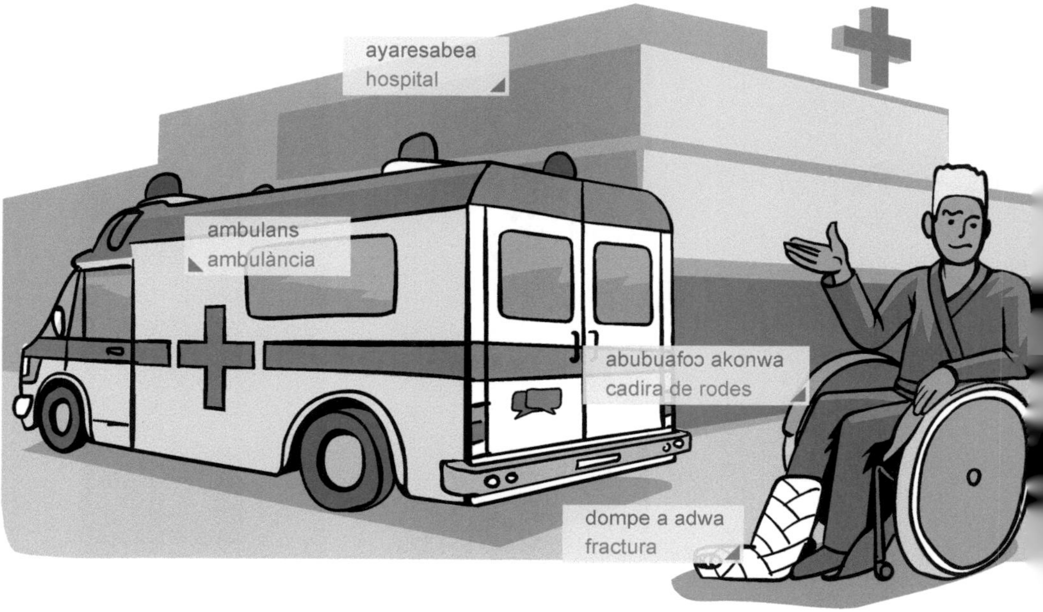

ayaresabea
hospital
ambulans
ambulància
abubuafoɔ akonwa
cadira de rodes
dompe a adwa
fractura

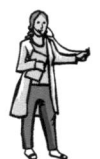

dɔkota

doctora

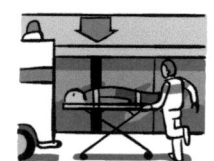

ɛdan a wɔde putupru nsɛm kɔmu

sala d'urgències

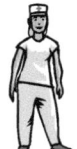

nɛɛse

infermera

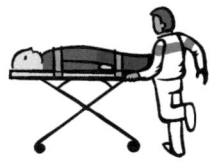

putupru

urgència

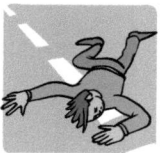

wɔ atwa ahwe

inconscient

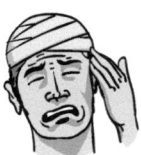

yea

dolor

epira

ferida

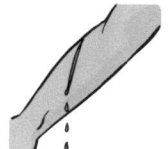

mogyatuo

sagnament

akoma yarenini

atac de cor

stroke yareɛ

apoplexia

allegyi

al·lèrgia

ɛwa

tos

ahoɔhyeɛ

febre

papu

gripa

ayamtuo

diarrea

tipaeɛ

mal de cap

kokoram

càncer

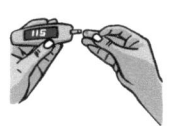

asikyire yareɛ

diabetis

ɔkota a ɛyɛ oprehyɛn

cirurgià

skapɛl sekan

escalpel

aprehyɛn

operació

CT
....
tomografia computada (TC),
TAC

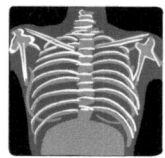

x-ray
....
raigs x

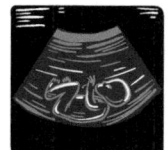

ultrasound
....
ultrasò

nkatanim
....
mascareta

yareɛ
....
malaltia

ɛdan a wɔ twɛn mu
....
sala d'espera

krɔhyes
....
crossa

plasta
....
tireta

banege
....
embenat

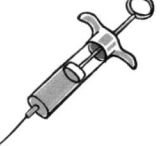

paneɛ
....
injecció

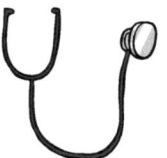

Stetoskop
....
estetoscopi

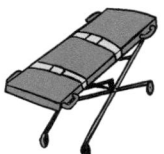

ahomankaa
....
llitera

afidie a esusu ahoɔhyeɛ
....
termòmetre clínic

awoɔ
....
pariment

kɛseɛ mmorosoɔ
....
sobrepès

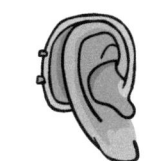

afidie a ɛboa asɛmtie

aparell auditiu

aduro a ekum mmoawa

desinfectant

yareɛ a mmoawa deba

infecció

vaarɔs

virus

HIV / AIDS

VIH / SIDA

aduro

medicina

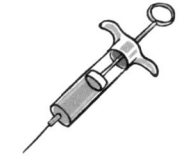

aduro a esi yareɛ ano

vaccí

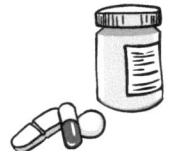

aduro tablɛte

comprimits

topaeɛ

píl·lola

ɔfrɛ wɔ putupru so

trucada d'urgència

afidie a esusu mogya mmrosoɔ

tensiòmetre

yareɛ / apomuden

malalt / sà

Boa me!

Socors!

kɔkɔbɔ

alarma

ɛbɔrɔ

assalt

ato ahyɛ obi so

atac

ɛyɛ hu

perill

baabi a yɛfa de pue putupru so

sortida-eixida d'urgència

Ogya!

Foc!

afidie a yɛde dumgya

extintor

nkwanhyia

accident

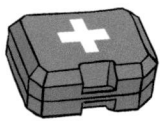

nneɛma yɛde sɔ yareɛ ano

farmaciola de primers auxilis

SOS

SOS

polisi

policia

Yuropo

Europa

Amerika atifi

Amèrica del Nord

Amerika ananfoɔ

Amèrica del Sud

Abiberm

Àfrica

Asia

Àsia

Australia

Austràlia

Atlantik

Atlàntic

Pasifek

Pacífic

India po kɛseɛ

Oceà Índic

Antaatek po keseɛ

Oceà Antàrtic

Aatek po kɛseɛ

Oceà Àrtic

Ewiase atifi

pol nord

Ewiase anaafoɔ
....
pol sud

Antaatek
....
Antàrtida

Ewiase
....
terra

asaase
....
país

ɛpo
....
mar

supɔ
....
illa

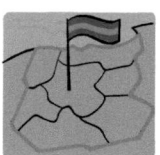

ɔman
....
nació

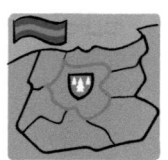

ɔman
....
estat

klɔko no anim

quadrant

dɔnhwere nsa no

agulla de les hores

sima nsa

agulla dels minuts

anitɛtɛ nsa no

agulla dels segons

Abɔ sɛn?

Quina hora és?

da

dia

berɛ

temps

seeseiara

ara

wkye a nɔma wɔ so

rellotge digital

sima

minut

dɔnhwere

hora

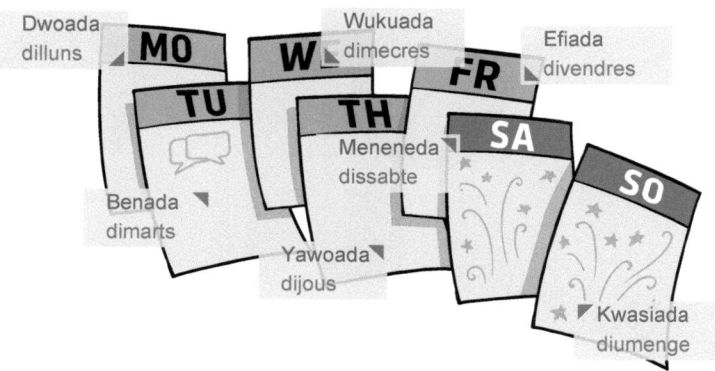

Dwoada / dilluns — MO

Wukuada / dimecres — W

Efiada / divendres — FR

TU

TH

SA

Meneneda / dissabte

Benada / dimarts

Yawoada / dijous

SO

Kwasiada / diumenge

ɛnora

ahir

ɛnora

avui

ɔkyina

demà

anɔpa

matí

prɛmtobrɛ

migdia

anwumerɛ

tarda

MO	TU	WE	TH	FR	SA	SU
1	2	3	4	5	6	7
8	9	10	11	12	13	14
15	16	17	18	19	20	21
22	23	24	25	26	27	28
29	30	31	1	2	3	4

adwuma nna

dia feiner

MO	TU	WE	TH	FR	SA	SU
1	2	3	4	5	6	7
8	9	10	11	12	13	14
15	16	17	18	19	20	21
22	23	24	25	26	27	28
29	30	31	1	2	3	4

nnawɔtwe awieɛ

cap de setmana

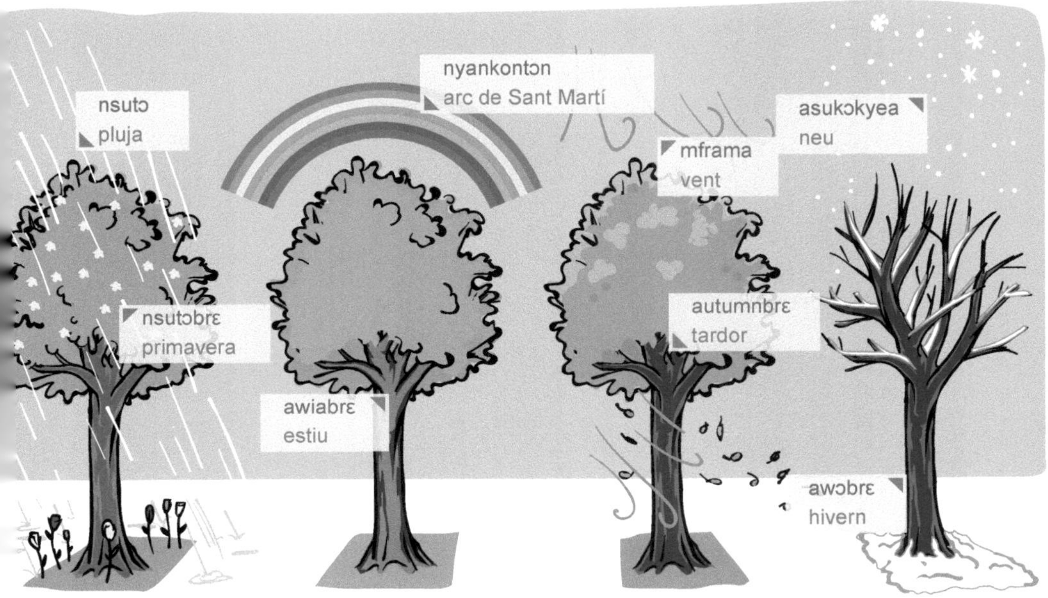

nsutɔ
pluja

nyankontɔn
arc de Sant Martí

asukɔkyea
neu

mframa
vent

nsutɔbrɛ
primavera

awiabrɛ
estiu

autumnbrɛ
tardor

awɔbrɛ
hivern

ewiem nsakrɛeɛ

pronòstic del temps

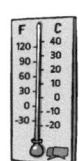

afidie a esusu ade ho hyeɛ

termòmetre

awiabɔ

llum del sol

munukum

núvol

ɛbɔ

boira

ewiem nsuo

humiditat de l'aire

afe - any

ayerɛmo

llamp

apranaa

tro

ehum

tempesta

asukɔkyea

calamarsa

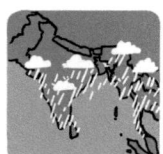

monsoonbrɛ

monsó

nsuyiri

inundació

aise

gel

ɔpɛpɔn

gener

ɔgyefoɔ

febrer

ɔbɛnem

març

Oforisuo

abril

Kotonimaa

maig

Ayɛwohomumu

juny

Kitawonsa

juliol

ɔsanaa

agost

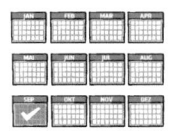

ɛbɔ
....
setembre

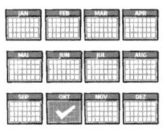

Ahinime
....
octubre

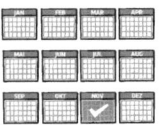

Obubuo
....
novembre

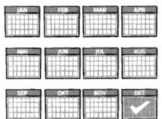

ɔpɛnimaa
....
desembre

kanko
....
cercle

sokwɛɛ
....
quadrat

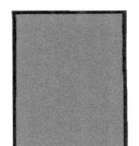

rɛktangel
....
rectangle

triangel
....
triangle

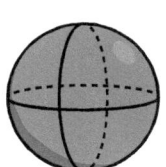

krukruwa
....
esfera

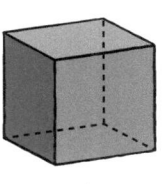

adaka
....
cub

fitaa

blanc

akokɔ sradeɛ

groc

ankaa

taronja

pink

rosa

kɔkɔɔ

vermell

pɛpol

lila

bruu

blau

ahaban mono

verd

braun

marró

nson

gris

tuntum

negre

pii / ketewa

molt / poc

wo boafu / wɔ adwo

emprenyat / tranquil

ɛyɛ fɛ / ɛyɛ tan

bonic / lleig

ahyɛseɛ / awieɛ

començament / fi

kɛseɛ / esua

gran / petit

ɛha / esum

clar / fosc

nuabarima / nuabaa

germà / germana

ɛho te / ayɛ fin

net / brut

awie / enwieɛ

complet / incomplet

awia / anadwo

dia / nit

awu / ɛte ase

mort / viu

emubae / ɛyɛ tea

ample / estret

yɛde / yɛnni

comestible / immenjable

bɔne / tema

dolent / amable

wɔ aniagye / wɔ ani nka

entusiasmat / entediat

ɔso / teatea

gros / prim

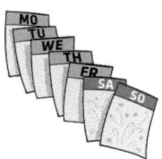

edikan / etwatoɔ

primer / darrer

adamfoɔ / atamfo

amic / enemic

ayɛ mma / hwee nim

ple / buit

ɛdenden / mmerɛ mmerɛ

dur / tou

ɛyɛ duru / ɛyɛ ha

pesant / lleuger

ɛkɔm / nsukɔm

gana / set

yareɛ / apomuden

malalt / sà

etia mmara / ɛwɔ mmara mu

il·legal / legal

nyansa / gyimi

intel·ligent / ximple

benkum / nifa

esquerra / dreta

ɛbɛn / akyire

prop / llunyà

foforɔ / dada
nou / usat

hwee / biribi
res / quelcom

wɔ anyini/ ɔsua
vell / jove

sɔ /dum
encès / apagat

bue / tom
obert / tancat

dinn / dede
silenciós / sorollós

ɔdefoɔ / ohia
ric / pobre

nifa / benkum
correcte / incorrecte

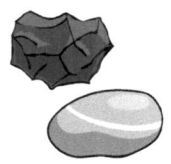

werewerɛwerewerɛ /
trontron
aspre / suau

awerɛhoɔ / anigyeɛ
trist / content

tietia / tenten
curt / llarg

nyaa / ntɛm
lent / ràpid

afɔ / awɔ
humit / sec - eixut

dedɛɛdeɛɛ / adwo
calent / fred

akoo / asomdweɛ
guerra / pau

0

hwee

zero

1

baako

u

2

mienu

dos

3

meɛnsa

tres

4

ɛnan

quatre

5

enum

cinc

6

nsia

sis

7

nson

set

8

nwɔtwe

vuit

9

nkron

nou

10

edu

deu

11

du-baako

onze

12

du-mienu

dotze

13

du-mɛɛnsa

tretze

14

du-nan

catorze

15

du-num

quinze

16

du-nsia

setze

17

de-nson

disset

18

du-nwɔtwe

divuit

19

du-nkron

dinou

20

aduonu

vint

100

ɔha

cent

1.000

apem

mil

1.000.000

ɔpepem

milió

Brɔfo

anglès

Amerikafoɔ Brɔfo

anglès americà

Chainfoɔ Mandarin

xinès mandarí

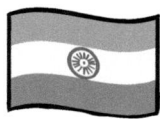

Hindi

hindi

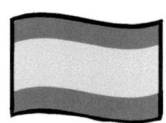

Spainfoɔ kasa

espanyol

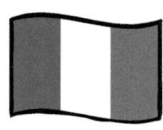

French kasa

francès

Arabia kasa

àrab

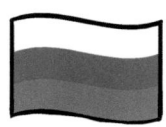

Russianfoɔ kasa

rus

Portugalfoɔ kasa

portuguès

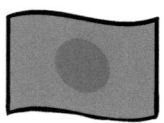

Bengali

bengalí

Germanfoɔ kasa

alemany

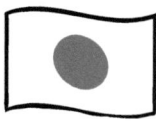

Japanfoɔ kasa

japonès

Me

jo

wo

tu

ono

ell / ella / allò

yɛn

nosaltres

wo

vosaltres

ɔmmo

ells

hwan?

qui?

deɛ bɛn?

què?

ɛyɛ deen?

com?

ehen?

on?

dabɛn?

quan?

edin

nom

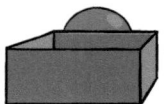

akyire

darrere

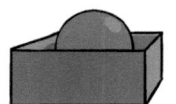

emu

en

anim

davant de

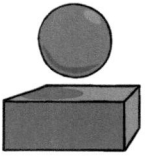

εsoro

damunt

εso

sobre

aseε

sota

nkyεn

al costat

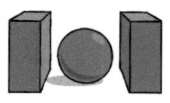

ntεm

entre

beaε

lloc